うごきのための
リトミック百科 ピアノ曲集

石丸 由理

ひかりのくに

はじめに

　子どもたちのリトミックのレッスンの中で　音楽は大きな役割を持っています

　動きのための音楽を弾くには　いくつかの大切なことがあります

　それは　どのような動き？　どんな速さ？　ということです

どのような動き？　というのは

その動きが　重心の高い動きであれば　高音域で

重心の低い動きであれば　低音域で弾くこと

どんな速さ？　というのは

その動きの速さに　音楽を合わせることです

　そして　からだを動かすことで　子どもたちが何を学んでいくのかを

いつも忘れないように　レッスンを進めていきましょう

- この本は　先生が子どもたちとリトミックのレッスンをするときに必要な音楽の例です
  子どもたちの動きと音楽を結びつけ　よりイメージが膨らむようにアレンジしてあります
  子どもたちの動きをよく見て　ピアノの演奏ができるように練習しましょう

- 各々の曲には　演奏のポイントが書いてあります　参考にしてください

- 導入編を参考にして　自分の好きな曲も　いろいろな雰囲気に引き替える練習を
  してください

- 多くの曲の伴奏は　できるだけ弾きやすくするために　オスティナート（繰り返しの音型）の
  伴奏になっています　ほかの曲にも応用して使ってください

- 動きに合わせて　演奏の速さ　強さ　演奏回数を工夫してください　また
  動きの目的に合わせて　音域を高くしたり低くしたりして　動きに合った音楽の演奏を
  心がけてください

うごきのための リトミック百科ピアノ曲集　もくじ

はじめに ………………………………………… 2
この本の使い方 ………………………………… 3

導入編　A ……………………………… 6

> 同じ曲でも　音域やテンポを変えて弾くと
> いろいろな雰囲気に変わります
> 動きを想像しながら　弾き比べてみましょう

バイエル52番【オリジナル曲】………………… 6

バイエル52番【飛ぶ】…………………………… 7

バイエル52番【ころがる】……………………… 7

導入編　B ……………………………… 8

> 『10人のインディアン』の曲を例に
> いろいろなリズムで弾く方法です

10人のインディアン【かけあし】……………… 8

10人のインディアン【あるき】………………… 9

10人のインディアン【ゆっくりあるき】……… 9

10人のインディアン【ジャンプ】……………… 10

10人のインディアン【ころがる】……………… 10

導入編　C ……………………………… 11

> リトミックのレッスンで
> 『10人のインディアン』の曲を使ってみましょう

10人のインディアン【かけあし→ストップ】………… 11

10人のインディアン【かけあし→ポーズ】………… 12

10人のインディアン【かけあし→後ろかけあし】……… 13

導入編　D ……………………………… 14

> 自分の好きな曲を　いろいろなリズムで
> 弾く練習をしましょう

（高音域の動きの曲例）
バイエル94番【飛ぶ】…………………………… 14

（中音域の動きの曲例）
スピン【グルグル回る】………………………… 15

（低音域の動きの曲例）
かたつむり【はう】……………………………… 15

かけあしの曲例

かけあし ………………………………………… 17

アルプス一万尺 ………………………………… 18

インディアンのおどり ………………………… 19

おおスザンナ …………………………………… 20

森の妖精 ………………………………………… 21

あるきの曲例

- きらきら星 …………………………… 23
- あるく ………………………………… 24
- さんぽ ………………………………… 25
- アヒル ………………………………… 26
- さびしいあるき ……………………… 27

ゆっくりの動きの曲例

- ゆっくりあるき ……………………… 29
- ぞうさんあるき ……………………… 30
- ぎったんばっこん …………………… 31
- おやすみ ……………………………… 32
- こもり歌 ……………………………… 33

ゆれる動きの曲例

- ゆれる 1 ……………………………… 35
- ゆれる 2 ……………………………… 36
- ルールク ……………………………… 37
- シューベルトの子守歌 ……………… 38
- おねむのあかちゃん ………………… 39

跳ぶ動きの曲例

- 狩り …………………………………… 41
- スキップ ……………………………… 42
- しろくまのジェンカ ………………… 43
- ちょうちょをおいかけて …………… 44
- ギャロップ …………………………… 45

いろいろな動きの曲例

- いろいろな雨 ………………………… 47
- 手合わせ 1 …………………………… 48
- 手合わせ 2 …………………………… 49
- ついてとって ………………………… 50
- あげてとって ………………………… 51
- まねっこ ……………………………… 52
- トントン まねっこ ………………… 53
- ケンパ ケンパ ケンケンパ ……… 54
- セブンステップス …………………… 55
- 河は呼んでる ………………………… 56
- 人形の夢と目覚め …………………… 58

リトミックで使える
ピアノの奏法いろいろ ……………… 62

- 1 グリッサンド
- 2 アルペジオ
- 3 手のひらで
- 4 トリル
- 5 だんだん高く だんだん低く

表紙　イラスト　レイアウト／梅谷育代
楽譜浄書／福田楽譜・編集協力／永井一嘉
編集／安藤憲志、佐藤恭子

導入編 A

同じ曲でも　音域やテンポを変えて弾くと　いろいろな雰囲気に変わります
動きを想像しながら　弾き比べてみましょう

バイエル52番 【オリジナル曲】

作曲：バイエル

両手を1オクターブ高くして

バイエル52番 【飛ぶ】
作曲：バイエル

両手を1オクターブ低くして

弾き方のポイント 左手の♩♩♩のリズムでころがるようすを表しましょう

バイエル52番 【ころがる】
作曲：バイエル

導入編 B

『10人のインディアン』の曲を例に いろいろなリズムで弾く方法です

 左手の伴奏が重たくならないように弾きましょう

10人のインディアン 【かけあし】

アメリカ民謡
編曲：石丸由理

導入編・B

 左手の伴奏の弾き方によって　曲の雰囲気が変わります
歯切れよく弾けば　元気に歩く感じになりますし
そっとなめらかに　ドタドタと……いろいろ弾き変えて
動きも工夫してみましょう

10人のインディアン 【あるき】

アメリカ民謡
編曲：石丸由理

 軽くペダルを使って　音の伸びる感じを出しましょう

10人のインディアン 【ゆっくりあるき】

アメリカ民謡
編曲：石丸由理

弾き方のポイント

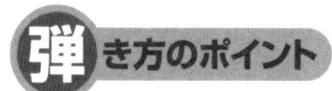

軽いジャンプは　音域を高くして　軽く
重いジャンプなら　音域を低くして
音を少し長く　重めに弾きましょう

10人のインディアン　【ジャンプ】

アメリカ民謡
編曲：石丸由理

弾き方のポイント

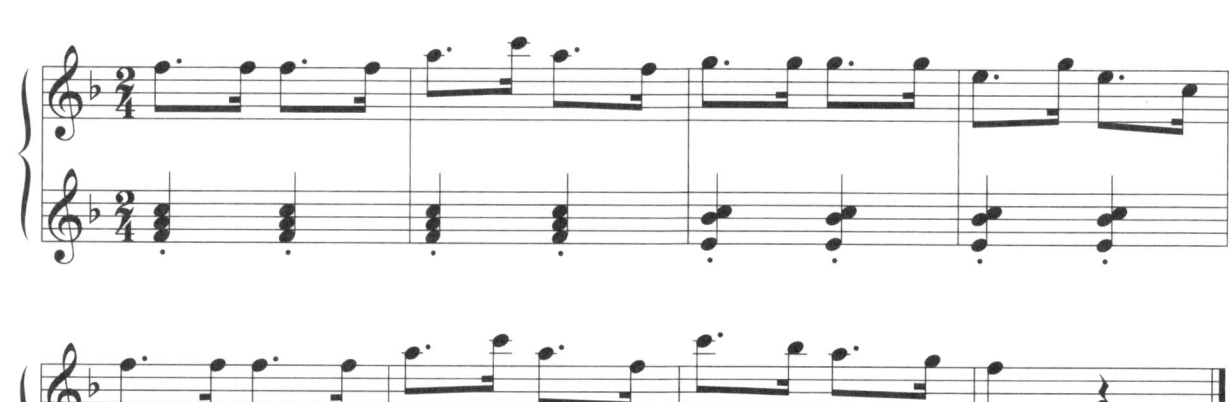

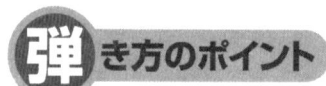

低い音域で　オスティナートを使って弾きましょう
オスティナートとは　同じ音型を繰り返して弾くことです

10人のインディアン　【ころがる】

アメリカ民謡
編曲：石丸由理

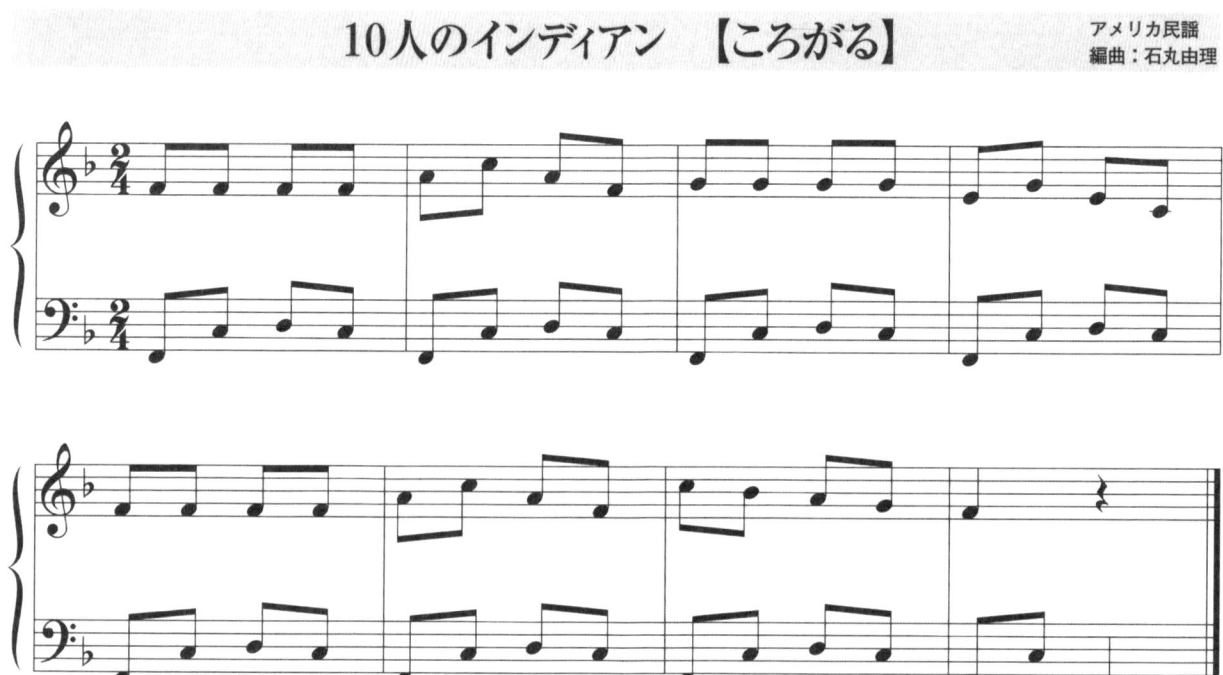

導入編 C

リトミックのレッスンで 『10人のインディアン』の曲を使ってみましょう

 き方のポイント

曲の途中で音楽が止まります
音を聴きやすくするために 高音部で和音を弾きます
いつも同じフレーズのところでストップを入れるのではなく
いろいろなところで入れる練習をしましょう

10人のインディアン 【かけあし⇨ストップ】

アメリカ民謡
編曲：石丸由理

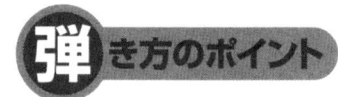 曲の途中で音楽が止まりポーズをとります
音を聴きやすくするために　高音部で和音を弾きます
いつも同じフレーズのところでポーズを入れるのではなく
いろいろなところで入れる練習をしましょう

10人のインディアン　【かけあし ➡ ポーズ】

アメリカ民謡
編曲：石丸由理

弾き方のポイント

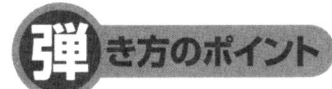

曲の途中で後ろに走るときに使います
左手の伴奏はそのままにして　右手を交差してメロディーを弾くと
後ろにかけあしするような雰囲気を出せます

10人のインディアン　【かけあし⇨後ろかけあし】

アメリカ民謡
編曲：石丸由理

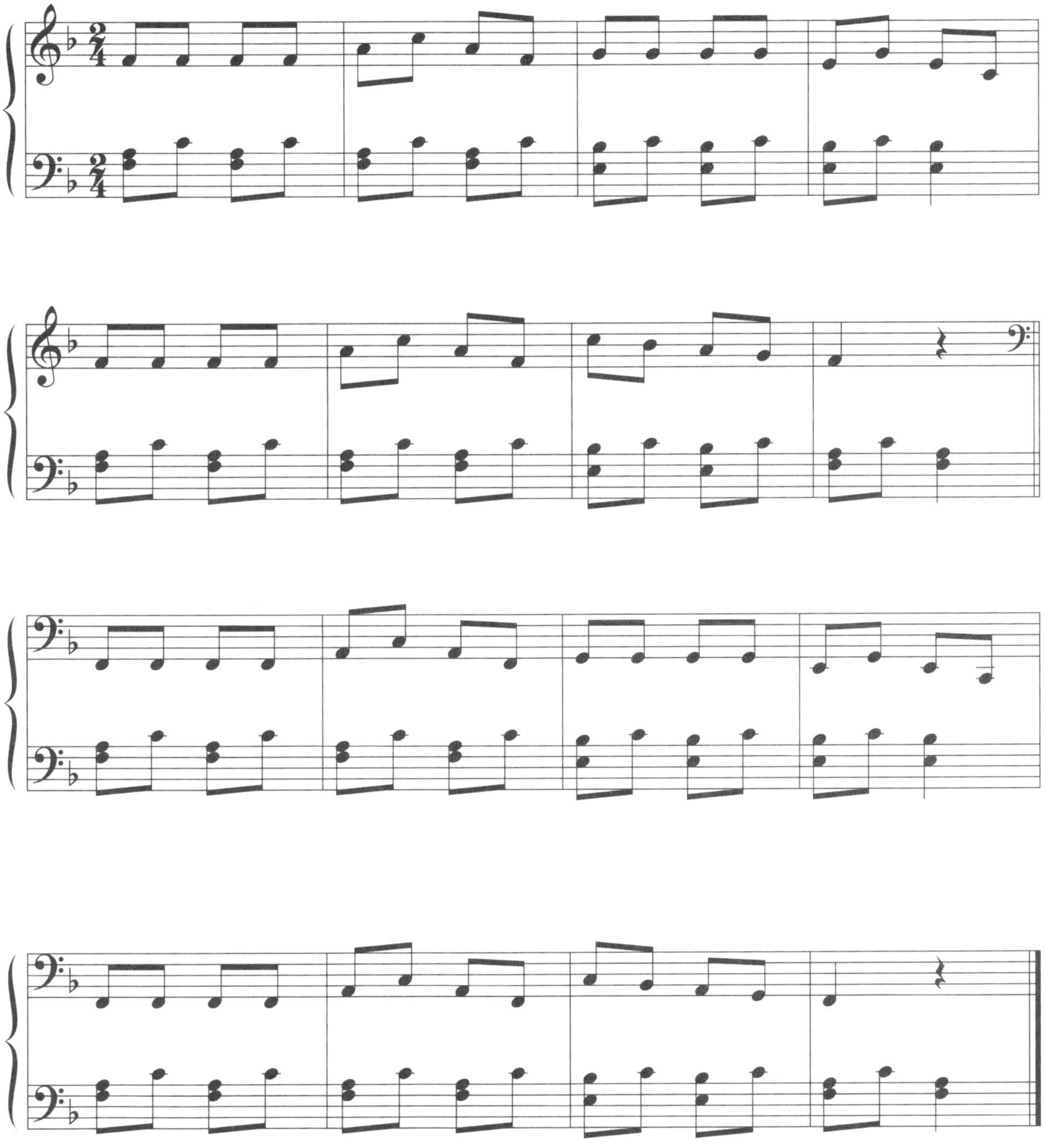

導入編 D

自分の好きな曲を　いろいろなリズムで弾く練習をしましょう

高音域の動きの曲例　　小さなものが飛ぶとき（例えば小鳥など）は両手とも　もう1オクターブ高く弾く

バイエル94番　【飛ぶ】

作曲：バイエル

中音域の動きの曲例

弾き方のポイント

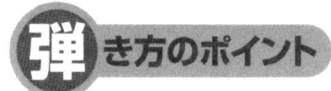

回転するときに使います
回転するものが　高いところ(例えば　ヘリコプターなど)のときは高音域
低いところ(例えば　貝になって　木をころがすなど)のときは　低音域に移して弾きます
左手の伴奏　3小節目　7小節目の　5121の指使いは
1オクターブを弾いた後　ひとさし指が親指の上をまたいで弾きます

スピン　【グルグル回る】

作曲：石丸由理

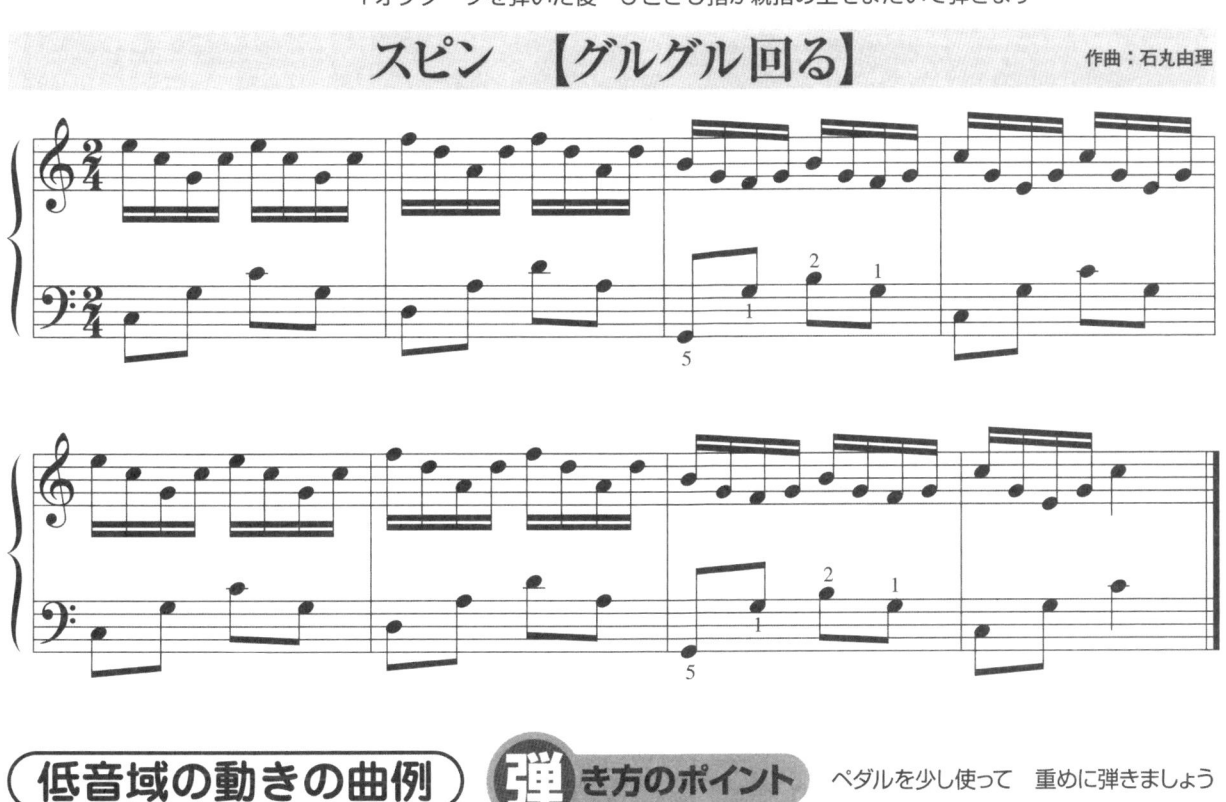

低音域の動きの曲例

弾き方のポイント　ペダルを少し使って　重めに弾きましょう

かたつむり　【はう】

文部省唱歌
編曲：石丸由理

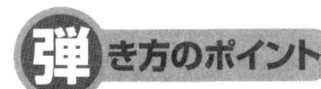

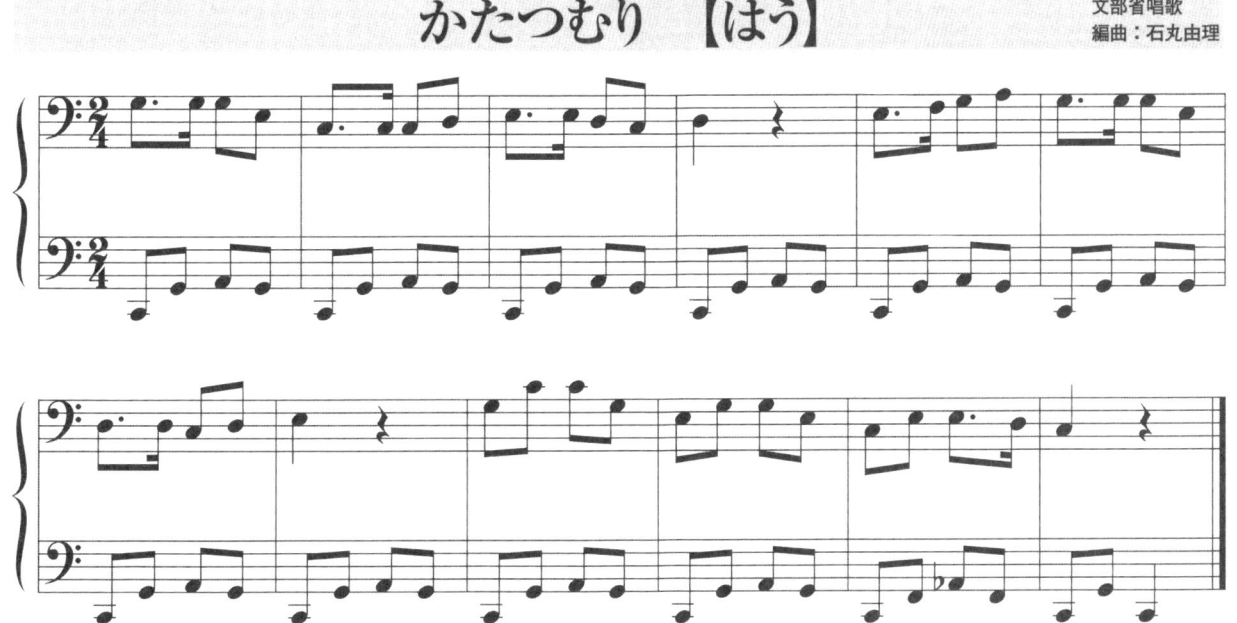

- P.17 ♪ かけあし ……………………… 作曲：石丸由理
- P.18 ♪ アルプス一万尺 ……………… アメリカ民謡
- P.19 ♪ インディアンのおどり ………… 作曲：コルトー
- P.20 ♪ おおスザンナ …………………… 作曲：フォスター
- P.21 ♪ 森の妖精 ………………………… 作曲：シュミット

 **き方のポイント**　8分音符を4分音符の速さにして弾くと　手合わせにも使えます

アルプス一万尺

アメリカ民謡

かけあしの曲例

弾き方のポイント 左手の伴奏が重たくならないように弾きましょう

インディアンのおどり

作曲：コルトー

 **き方のポイント**　左手の伴奏が重たくならないように弾きましょう

おおスザンナ

作曲：フォスター

かけあしのはやさで

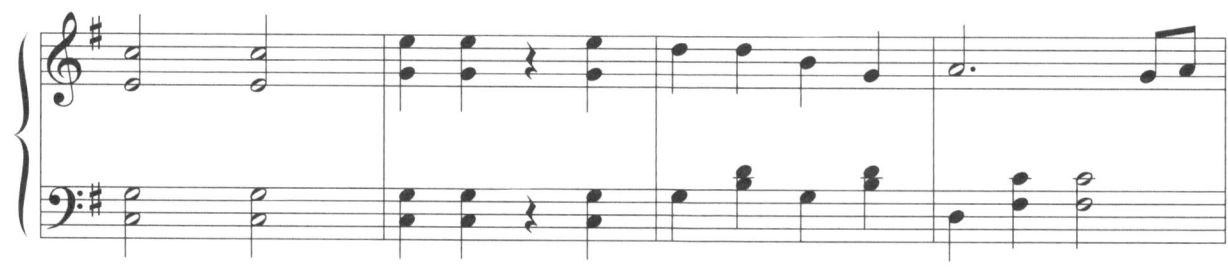

かけあしの曲例

弾き方のポイント
左手の伴奏が重たくならないように弾きましょう

森の妖精

作曲：シュミット

P.23 ♪きらきら星……………………フランス民謡・編曲：石丸由理

P.24 ♪あるく……………………………………作曲：石丸由理

P.25 ♪さんぽ………………………………………作曲：久石譲

P.26 ♪アヒル………………………………………作曲：石丸由理

P.27 ♪さびしいあるき……………………作曲：石丸由理

あるきの曲例

弾き方のポイント 子どもの動きを見て 曲の速さを決めましょう

きらきら星

フランス民謡
編曲：石丸由理

弾き方のポイント　楽しい気分で弾きましょう

あるく

作曲：石丸由理

あるきの曲例

弾き方のポイント　うたいながら楽しく歩きましょう

さんぽ

作曲：久石 譲

 **弾き方のポイント**　オスティナートを使った　おどけたアヒルの動きの曲です

アヒル

作曲：石丸由理

あるきの曲例

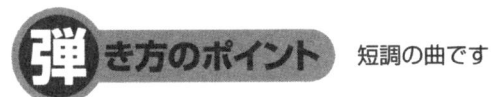 短調の曲です

さびしいあるき

作曲：石丸由理

ゆっくりの動きの曲例

P.29 ♪ゆっくりあるき……………作曲：石丸由理

P.30 ♪ぞうさんあるき……………作曲：石丸由理

P.31 ♪ぎったんばっこん……………作曲：石丸由理

P.32 ♪おやすみ……………作曲：ツェルニー

P.33 ♪こもり歌……………作曲：グルリット

ゆっくりの動きの曲例

 音が濁らないように ペダルを使って弾きましょう

ゆっくりあるき

作曲：石丸由理

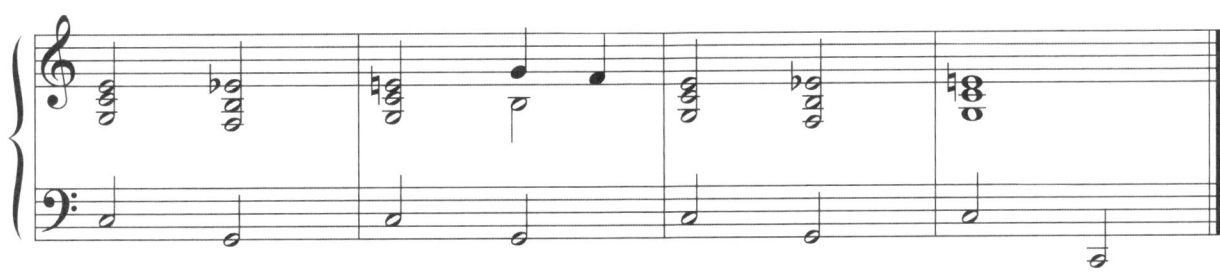

弾き方のポイント　大きな　重い動物の　ゆっくりあるきに使ってみましょう

ぞうさんあるき

作曲：石丸由理

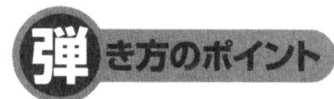

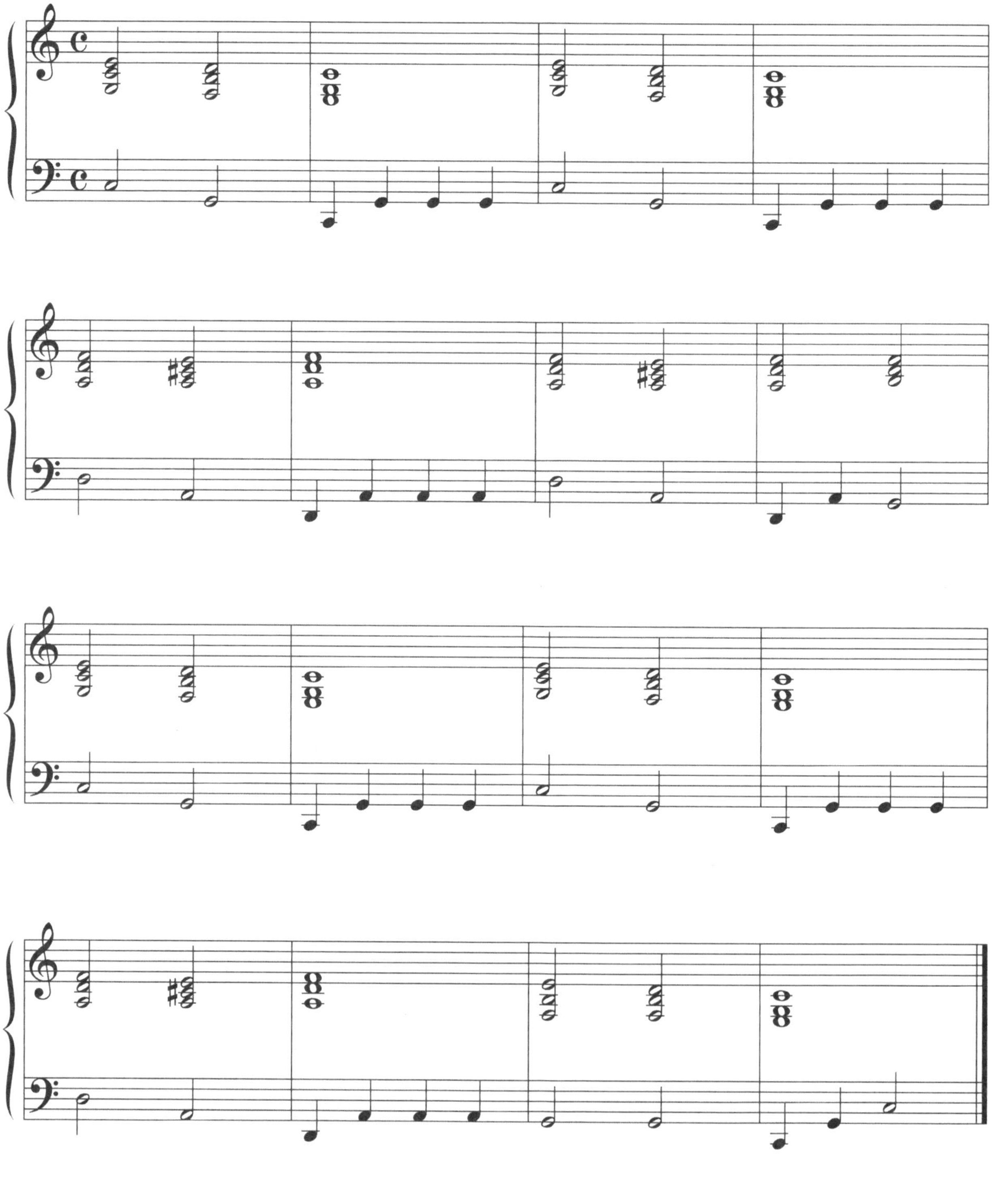

ゆっくりの動きの曲例

 2人組のシーソーや 舟こぎのときに使いましょう

ぎったんばっこん

作曲：石丸由理

弾き方のポイント そっとあるきの曲です

おやすみ

作曲：ツェルニー

ゆっくりの動きの曲例

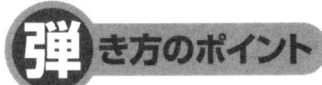 そっとあるき　ゆっくりな動作のときに使ってみましょう

こもり歌

作曲：グルリット

ゆれる動きの曲例

P.35 🎵 ゆれる 1 ……………………… 作曲：石丸由理

P.36 🎵 ゆれる 2 ……………………… 作曲：石丸由理

P.37 🎵 ルールク ……………………… こもりうた

P.38 🎵 シューベルトの子守歌 ……… 作曲：シューベルト

P.39 🎵 おねむのあかちゃん ………… フランス民謡

弾き方のポイント　曲の速さは　ゆれる速さで決まります
動きをよく見て　曲の速さを決めましょう

ゆれる動きの曲例

ゆれる　1

作曲：石丸由理

弾き方のポイント 大きく左右にゆれるときに使ってみましょう

ゆれる　2

作曲：石丸由理

ゆれる動きの曲例

弾き方のポイント　こもりうたです　優しくゆれるときに使いましょう

ルールク

こもりうた

弾き方のポイント　眠るときや　静かにしたいときにも使ってみましょう

シューベルトの子守歌

作曲：シューベルト

弾き方のポイント　ゆれる動き　ゆっくりの動きのときに使ってみましょう

ゆれる動きの曲例

おねむのあかちゃん

フランス民謡

跳ぶ動きの曲例

P.41 ♪狩り …………………………… 作曲：パガニーニ

P.42 ♪スキップ ……………………… 作曲：石丸由理

P.43 ♪しろくまのジェンカ ………… 作曲：ケンウォール

P.44 ♪ちょうちょをおいかけて …… 作曲：ストーリーボック

P.45 ♪ギャロップ …………………… 作曲：石丸由理

跳ぶ動きの曲例

弾き方のポイント　動きの跳ぶところをはっきりと　弾きましょう

狩り

作曲：パガニーニ

弾き方のポイント　スキップの曲です　歯切れよく弾きましょう

スキップ

作曲：石丸由理

跳ぶ動きの曲例

弾き方のポイント スキップの曲です 子どもの動きをよくみて 速さを決めましょう

しろくまのジェンカ

原題：POLAR BEAR LETKISS
作曲：Ken Wall

© Copyright 1965 by SWEDEN MUSIC AB, Sweden
Rights for Japan assigned to SEVEN SEAS MUSIC CO.,LTD.

弾き方のポイント　スキップの曲です　重たくならないように弾きましょう

ちょうちょをおいかけて

作曲：ストーリーボック

跳ぶ動きの曲例

弾き方のポイント　ギャロップの動きは　少し重めに弾いた方が動きやすくなります

ギャロップ

作曲：石丸由理

いろいろな動きの曲例

P.47 🎵 いろいろな雨 ……………………… 作曲：バイエル

P.48 🎵 手合わせ 1 ……………………… 作曲：石丸由理

P.49 🎵 手合わせ 2 ……………………… 作曲：石丸由理

P.50 🎵 ついてとって ……………………… 作曲：石丸由理

P.51 🎵 あげてとって ……………………… 作曲：石丸由理

P.52 🎵 まねっこ ……………………… 作曲：石丸由理

P.53 🎵 トントン　まねっこ ……………… 作曲：石丸由理

P.54 🎵 ケンパ　ケンパ　ケンケンパ … 作曲：石丸由理

P.55 🎵 セブンステップス ……………………… アメリカ曲

P.56 🎵 河は呼んでる ……………………… 作曲：ベアール

P.58 🎵 人形の夢と目覚め ……………… 作曲：オースティン

いろいろな動きの曲例

弾き方のポイント 左手の伴奏の形を変えて　雨のようすを表現しましょう

いろいろな雨

作曲：バイエル

【ポツポツ雨】

【しとしと雨】

【ザアザア雨】

弾き方のポイント　子どもの動きを見て　曲の速さを決めましょう

手合わせ　1

作曲：石丸由理

いろいろな動きの曲例

弾き方のポイント　子どもの動きを見て　曲の速さを決めましょう

手合わせ 2

作曲：石丸由理

弾き方のポイント

ボールをついて　とっての動きの曲です
子どもの動きをよく見て　1拍目にしっかりアクセントをつけて弾きましょう

ついてとって

作曲：石丸由理

いろいろな動きの曲例

弾き方のポイント　ボールをあげて　とっての動きの曲です
2拍目に少しアクセントをつけて　ボールをとる動きに　合わせましょう

あげてとって

作曲：石丸由理

弾き方のポイント 動作のまねっこ　手合わせ　ケンケンパ（両手とも1オクターブ低く）などで使えます

まねっこ

作曲：石丸由理

いろいろな動きの曲例

弾き方のポイント　2つ手をたたいて動作（ポーズ）のときに使えます

トントン　まねっこ

作曲：石丸由理

弾き方のポイント

ケンパ　ケンパ　ケンケンパ　の動きの曲です
両手とも1オクターブ高く弾いて　手合わせ（トンパチン　トンパチン　トントンパチン）
でも使えます

ケンパ　ケンパ　ケンケンパ

作曲：石丸由理

いろいろな動きの曲例

弾き方のポイント　フレーズのはっきりとした曲です
フレーズごとに違う方向へ歩いてみましょう

セブンステップス

アメリカ曲

弾き方のポイント　3拍子のゆれる感じの曲です

河は呼んでる

いろいろな動きの曲例

L'EAU VIVE「河は呼んでる」

作詞・作曲：Guy BEART
日本語詞：水野汀子

© Copyright 1958 by WARNER CHAPPELL MUSIC FRANCE, Paris.
Rights for Japan assigned to SUISEISHA Music Publishers, Tokyo.

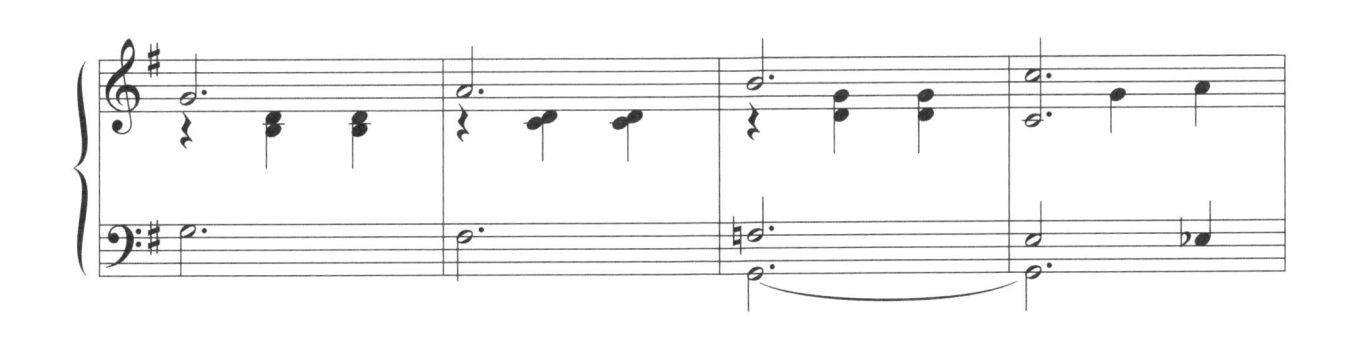

弾き方のポイント　お話に合わせて動くときに使える曲です

人形の夢と目覚め

子守歌

お人形の眠り

作曲：オースティン

お人形の夢

お人形の目覚め

お人形の踊り

いろいろな動きの曲例

リトミックで使える　ピアノの奏法いろいろ

1.グリッサンド　　指のつめで　鍵盤をすべらせて　すばやく音階を弾きます

- 元気よく立ちあがるとき
- 動作を開始するとき
- 役割　方向　パートナーを交代するとき　など

2.アルペジオ　　和音を同時に弾かないで　順にずらして弾きます

- 柔らかい動作のとき
- ゆっくり交代するとき
- 場面転換　など

3.手のひらで　軽く鍵盤をたたいて弾きます

- 動作を急に止めるとき
    - 重心の高い動作…高音域で
    - 重心の低い動作…低音域で　など

4.トリル　　隣り合った音や和音をすばやく交互に弾きます

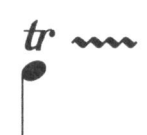

- 役割　方向　パートナーを交代するとき
- 約束の合図として　など

5. だんだん高く　だんだん低く

半音階を使って

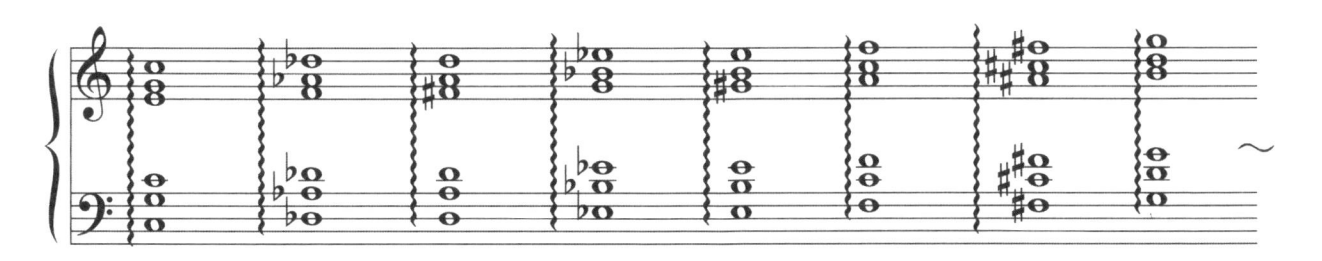

全音階を使って

和音を使って

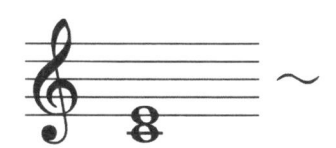

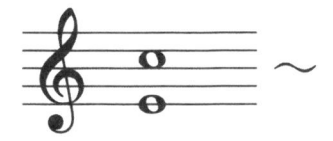

- 弾き方の速さ　強さ　出発の音の高さなどによってイメージが変わります
  動きに合った弾き方を探しましょう

―著者紹介―

石丸由理（いしまる・ゆり）

国立音楽大学卒

ロンドン・ダルクローズ研究所にてダルクローズ・リトミック 国際免許取得

ニューヨーク大学大学院 修士課程修了

ユリ・リトミック教室主宰 http://www.yuri-rhythmic.com/
NHK教育テレビ小学校低学年音楽番組＜ワンツーどん＞＜まちかどドレミ＞＜ドレミノテレビ＞　NHKBS　＜みんなDEどーも！くん＞等の番組を担当。NHK学園オープンクラス≪シルバーピアノ・バイオリン≫の講座を担当。ミッドタウンにて≪親子のリトミック≫、姫路・国立・富士河口湖町の保育園にて『こども未来プロジェクト』としてリトミック・プログラムを展開。定期的にリトミック指導者講習会を開催。

日本音楽著作権協会　正会員

● 著書

「年齢別の基本レッスンから発表会まで リトミック百科」（ひかりのくに）
「こどもと創るリトミック」CD付（ひかりのくに）
「みんなでやろうリトミック」（共著、ひかりのくに）　ほか多数

※本書は2003年3月当社刊
　「うごきのためのリトミックピアノ曲集」
　を諸般の事情により改題したものです。
　内容に変更はありません。

うごきのための
リトミック百科ピアノ曲集

2005年 4月　初版発行 ©
2024年12月　第20版発行

著　者　石丸由理
発行人　岡本　功
発行所　ひかりのくに株式会社
〒543-0001　大阪市天王寺区上本町3-2-14　郵便振替00920-2-118855
〒175-0082　東京都板橋区高島平6-1-1　郵便振替 00150-0-30666
ホームページアドレス https://www.hikarinokuni.co.jp
印刷所　株式会社三和印刷所

Printed in Japan
JASRAC 出 0502499-420

©2005
ISBN978-4-564-60248-1
NDC376 64p 26×21cm